Este título incluido en **Nuestros Ilustres** —la serie de biografías de destacados personajes de los ámbitos de la ciencia, la cultura y la historia— forma parte de un proyecto impulsado por la **Fundación Acuorum Iberoamericana Canaria de Agua** en colaboración con **Canaragua, Aguas de Telde** y **Teidagua**. Ha sido coordinado y producido bajo el sello de **Vegueta**, en su colección **Unicornio**.

Dicha serie de biografías pretende servir de soporte cultural y educativo, así como de **apoyo extracurricular a diversas asignaturas**, y coincide con una de las tareas fundamentales planteadas para la Fundación Acuorum desde su nacimiento: la promoción del conocimiento, la investigación, la innovación, el talento y la divulgación. Cada título aproxima a los niños a un personaje cuya trayectoria ha contribuido significativamente al desarrollo y a la calidad de vida de nuestra sociedad.

**Guía de lectura:** ¿Deseas saber más sobre Agustín de Betancourt y su época? Junto a 💡 tendrás información más detallada y junto a 📢 encontrarás citas sobre Agustín de Betancourt.

**Textos:** Julio Fajardo Herrero
**Ilustraciones:** Elsa Estrada
**Diseño y maquetación:** Anna Bosch
**Revisión técnica de contenidos:** Gustavo Trujillo Yáñez.
Doctor en Historia, ULPGC

© **Fundación Acuorum Iberoamericana Canaria de Agua**
Gabinete Literario. Plaza de Cairasco, 1
35002 Las Palmas de Gran Canaria
www.acuorum.com

ISBN: 978-84-947237-1-1
Depósito Legal: GC531-2018
Impreso y encuadernado en España

Cualquier forma de reproducción, distribución, comunicación pública o transformación de esta obra solo puede ser realizada con la autorización de sus titulares, salvo excepción prevista por la ley. Diríjase a CEDRO (Centro Español de Derechos Reprográficos) si necesita fotocopiar o escanear algún fragmento de esta obra (www.conlicencia.com; 91 702 19 70 / 93 272 04 45).

**NUESTROS ILUSTRES**

# Agustín de Betancourt

**Un ingeniero universal**

**JULIO FAJARDO**

**ELSA ESTRADA**

Fue en el viejo convento de Santo Domingo, en Tenerife. La clase estaba tranquila y los alumnos abotargados con el calor de la tarde. El cura que les enseñaba matemáticas escribía en la pizarra y de pronto, ¡catacroc!, sonó un estruendo desde el fondo del claustro.

—¿Qué escándalo es este?—gritó, corriendo por el pasillo.

Al llegar a la entrada del convento, el cura comprobó que había sido Betancourt, su alumno más inquieto.

—¿Pero qué haces? —exclamó el cura— ¿A qué viene este destrozo?

—Son las bisagras, padre —contestó Betancourt— ¡Quería ver cómo funciona el mecanismo!

—¡Con tanta curiosidad, un día nos vas a tirar abajo el convento!

—O a lo mejor construyo uno más grande, padre.

Más caso debió hacerle el fraile a aquel muchacho, que, aunque parezca increíble, acabaría siendo un gran protagonista de la historia... ¡de tres países distintos! Llegó a ser nada menos que el principal diseñador de San Petersburgo, una de las ciudades más bonitas del mundo.

Esta historia es de hace casi 300 años, de una época en que no había coches, ni luz eléctrica, ni trenes (aunque alguna cosa acabaría haciendo nuestro protagonista, ya de mayor, para allanarles el camino a algunos de estos inventos). Para un muchacho despierto como Agustín de Betancourt, aquella era una era apasionante.

Agustín de Betancourt había nacido en 1758 en una familia de la nobleza canaria, de ambiente culto, y siempre tuvo una curiosidad innata por aprender; era tremendamente estudioso y aplicado. Su madre le enseñó a hablar francés y su padre le transmitió algunos conocimientos de ciencias, aunque el chico era tan curioso que a veces formulaba preguntas un tanto complicadas.

—Ventana en francés se dice *fenêtre* —le decía su madre, y él se levantaba corriendo, como un saltaperico, a comprobar de qué materiales estaba hecha la ventana de su cuarto y a preguntarle a su padre cómo se fabricaba el vidrio.

**La Ilustración**

Aparte de la educación que recibían las clases adineradas de las órdenes religiosas, comenzaba a llegar a las Islas Canarias la influencia de una importante corriente cultural originada en Francia, la Ilustración. Aquel fue un poderoso movimiento intelectual que quiso liberar a la sociedad de las tinieblas de la ignorancia, la superstición y la tiranía. El objetivo de la Ilustración era construir un mundo más avanzado y más justo. Por eso aquel tiempo también fue llamado "el Siglo de las Luces" y trajo muchos avances culturales y políticos.

Intrépido como pocos, con solo dieciocho años organizó su primera expedición científica, de la que todavía se conservan documentos. Acompañado de algunos amigos, Agustín se atrevió a explorar la cueva de San Marcos, en Icod de los Vinos. ¡A punto estuvieron aquellos chicos de perderse en la oscuridad de aquella gruta! Por suerte, contaban con los planos de geólogo que su padre le había enseñado a dibujar y que él había ido esbozando por el camino...

—A esto quiero yo dedicar mi vida —les dijo a sus amigos ya de vuelta a casa—. A aprender y enseñar muchas cosas prácticas y avanzadas que ayuden a la gente a salir de las cavernas.

En octubre de 1778, con solo veinte años, Agustín dejó las islas y se marchó a estudiar a Madrid. Ya no había gran cosa que pudieran enseñarle los curas dominicos y él estaba decidido a seguir aprendiéndolo todo sobre las ciencias y las artes. En aquella época llegar hasta Madrid desde Tenerife era toda una aventura: después de varios días de viaje en barco había que atravesar media península en carruaje.

—¡Qué frío hace en esta ciudad! —dijo al bajar del coche de caballos, acostumbrado como estaba al calorcito de Canarias.

Una vez instalado en Madrid, Agustín empezó a estudiar en el Colegio de San Isidro, donde aprendió toda clase de materias. Además, como siempre le había gustado dibujar, por las noches recibía clases de pintura.

¡Nuestro amigo conseguía sacar tiempo para todo! En aquellos primeros años en Madrid se hizo todo un experto en física, aprendió a fabricar instrumentos de laboratorio, perfeccionó su francés e incluso organizó una exposición con cuadros suyos.

**El Betancourt militar**

En 1777, Agustín ingresó en las milicias provinciales como cadete, para más adelante graduarse como teniente de Infantería. Toda su formación como ingeniero discurrió en paralelo y en gran medida fue posible gracias a los distintos rangos por los que pasó en el Ejército.

**Las minas de Almadén**

Estas minas funcionaban desde la época del Imperio Romano. En tiempos de Agustín, el mercurio era importantísimo, ya que se usaba en el proceso químico con el que se daba pureza a la plata que venía de América.

Bajo el Gobierno del rey Carlos III, las autoridades de la capital enseguida se fijaron en la buena preparación de Agustín y en sus aptitudes tan prometedoras como ingeniero. Muy pronto empezaron a enviarlo a distintos lugares para resolver problemas en las obras públicas más importantes.

Algunos de sus primeros proyectos fueron las obras de mejora de las minas de mercurio de Almadén.

—¿Quién es este mocoso? —preguntó uno de los capataces al verlo llegar a la obra.

—Encantado de saludarle —le dijo Agustín, tendiéndole la mano—, soy el ingeniero al mando.

—No me gusta que me dé órdenes un crío —dijo el capataz gruñón.

—Ni a mí me gusta levantarme tan temprano —le contestó Agustín, muy sonriente—, pero hay mucho trabajo que hacer y seguro que nos vamos a llevar muy bien. ¿A que sí?

Enseguida se pusieron manos a la obra y sus ideas mejoraron muchísimo el rendimiento de la mina. ¡El encargo fue todo un éxito!

Durante aquellos años en Madrid, Agustín también se hizo bastante famoso gracias a una proeza que causó una verdadera conmoción. A partir de unos diseños suyos, los madrileños fueron testigos de un espectáculo hasta entonces desconocido: el vuelo del primer globo aerostático que pudo verse en España. La gente se preguntaba quién era aquel joven canario que sabía cómo hacer volar.

—Sube porque tiene ángeles volando dentro —dijo al ver el globo una mujer que iba con una cesta vendiendo frutos secos.

—Es mucho más simple, señora —le contestó Agustín—. ¡Es pura ciencia! Está lleno de aire caliente y el aire caliente es más ligero que el frío. Por eso el globo tiende a subir.

**El primer globo aerostático**

Los primeros que hicieron volar un globo por los cielos fueron los hermanos franceses Joseph y Jacques Montgolfier. En septiembre de 1783, más de cien mil personas, entre ellos el rey y la reina, vieron cómo surcaba el aire sobre los jardines de Versalles un globo tripulado por un gallo, una oveja y un pato.

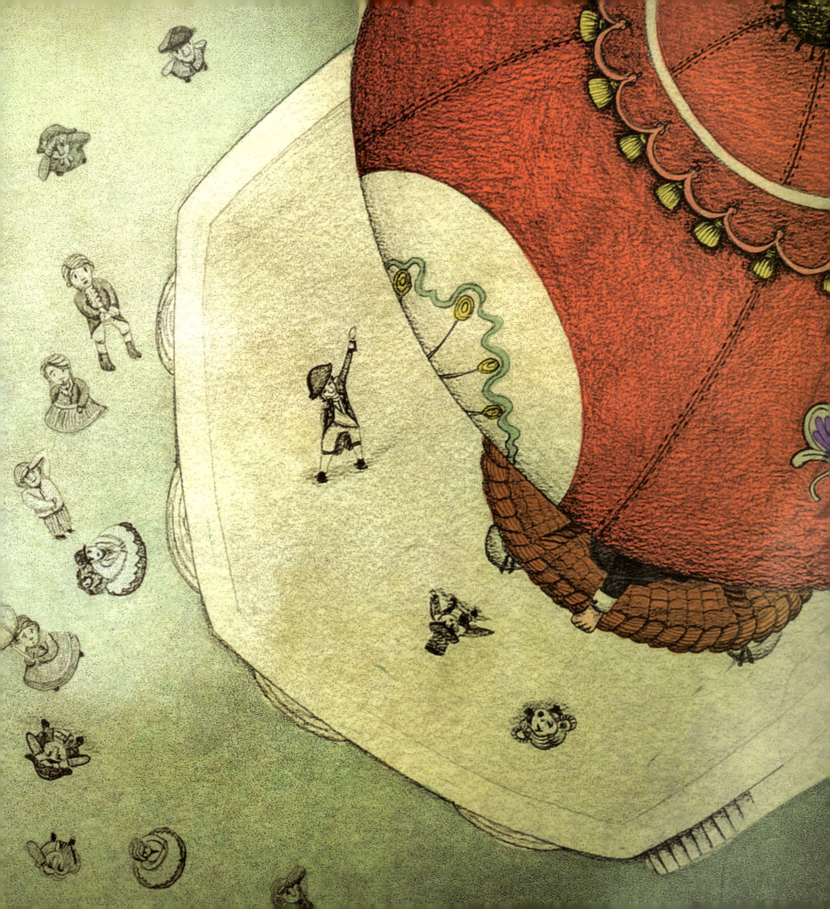

**La Revolución Francesa**

En 1789 se produjo la caída del Antiguo Régimen —esto es, del feudalismo y de la monarquía absolutista que gobernaba Francia— y enseguida se estrenaron los mecanismos políticos que defendían la soberanía popular. Entre otros avances, por primera vez iba a haber un órgano político que representara al pueblo llano: la Asamblea Nacional. Aquello fue un paso de gigante en el camino a la democracia.

En 1784 Agustín consiguió una beca para ir a estudiar a la Escuela de Puentes y Caminos de París. En aquella época la ciudad era la capital científica del mundo, y además muy pronto iban a tener lugar allí los cambios políticos más importantes de aquel siglo.

—Me gusta que luchen por una sociedad más justa —pensaba Agustín cuando veía pasar por la calle a un grupo de revolucionarios—. ¡Ya va siendo hora de que se declaren los derechos del hombre y del ciudadano! Lo que yo busco con mis máquinas y mis construcciones es lo mismo que buscan ellos con sus discursos: el progreso de la sociedad y que la gente viva mejor.

En efecto, Betancourt tenía la importante misión de hacerse con libros y planos de máquinas para enviarlos a España. Así, transmitía las claves de un desarrollo tecnológico que permitía importantes avances en la industria, la agricultura, la construcción, etc. ¡Y vaya que sí cumplía con su cometido!

A Agustín le llegaron noticias de un invento fabuloso de un inglés llamado James Watt: la máquina de vapor. Sin pensárselo dos veces, el ingeniero canario emprendió viaje a Birmingham.

—Encantado de saludarle, señor Watt —le dijo al inglés al llegar—. Soy Agustín de Betancourt y vengo a ver su máquina.

Watt quería jactarse de su invento, pero enseguida se dio cuenta de que Agustín era un experto ingeniero y no quería desvelarle entero el secreto de su construcción. Así que, antes de hacerle pasar, cubrió con una tela la mitad de la estructura.

—¡Tiene la misma potencia que diez caballos! —presumió el inglés.

—Pero diez caballos... ¿antes o después de que coman? —le preguntó Agustín y se marchó de allí canturreando.

Ya sabía cómo funcionaba incluso la parte de la máquina que no había podido ver. De hecho, nada más llegar a casa empezó a diseñar un modelo que mejoraba la máquina de Watt, y que ayudó mucho al desarrollo de la industria en España.

**La máquina de vapor**

Aprovechando el empuje del vapor del agua que se calentaba en una caldera, aquella prodigiosa máquina conseguía hacer girar de forma constante una enorme rueda metálica. En muy poco tiempo aquel invento sustituiría a la fuerza de los animales y la de los molinos como fuente de potencia para todo tipo de trabajos. La máquina de vapor se empleó, entre muchas otras tareas, para bombear agua y propulsar locomotoras y barcos. No en vano, fue la gran base sobre la que se abrió camino la llamada Revolución Industrial.

**Escuela de Ingenieros de Caminos**

Esta institución fue fundada por Agustín de Betancourt en 1799 y tuvo su primera sede en el Palacio del Buen Retiro. Tras un parón por la Guerra de Independencia, la escuela volvió a abrir sus puertas en 1820. Con el tiempo se convertiría en la Escuela Técnica Superior de Ingenieros de Caminos, Canales y Puertos de la Universidad Politécnica de Madrid.

El rey de España, Carlos III, estaba encantado con todos los inventos que iban llegando al país gracias a Agustín, por eso un día lo citó en palacio.

—Betancourt —le dijo, levantándose del trono para acercarse—, estoy muy satisfecho con vuestro trabajo. Hemos empezado a fabricar la máquina para segar que diseñasteis y cada vez desbrozamos más rápido, ¡es un gran avance!

—Me alegro mucho, majestad —respondió Agustín, aunque la verdad es que le costó imaginarse al rey desbrozando...

Tan contento estaba el monarca con Agustín que en aquella misma visita lo nombró director del Real Gabinete de Máquinas. Este gabinete era donde se guardaban y se enseñaba a construir las más avanzadas máquinas para las obras públicas, la metalurgia y la industria textil.

Unos años más tarde, en 1802, se rompió una presa mal construida en el pantano de Puentes, en Murcia, provocando una riada que mató a más de 600 personas. Esta fue una de las razones por las que Agustín consideró necesario formar a un cuerpo de ingenieros muy profesionalizado para encargarse de las obras públicas, y así fundó la Escuela Oficial del Cuerpo de Ingenieros de Caminos, que aseguraba que los proyectos fueran siempre seguros, modernos y de calidad.

Como todo el mundo sabe, en la época de Betancourt no existían ni internet ni el teléfono y las comunicaciones, siempre por carta y en coche de caballos, tardaban mucho en llegar a su destino.

Agustín había visto en Francia varios prototipos de un curioso artefacto, el telégrafo óptico. El mecanismo era muy sencillo: se colocaba en lo alto de una torre una estructura de posiciones variables. Las posiciones podían leerse como las agujas de un reloj y, una vez descodificadas, se obtenía el mensaje resultante. Colocando una larga serie de torres a lo largo del terreno, visibles entre sí, se podía transmitir bastante rápidamente un mensaje en cadena, desde la primera torre hasta la última.

Hoy nos puede parecer que aquello era una lata, pero suponía un ahorro de tiempo de varios días, o incluso semanas. Por eso Betancourt les propuso al nuevo rey, Carlos IV, y a su primer ministro, Manuel Godoy, construir entre Madrid y Cádiz una línea de unas 60 torres de telégrafo que él mismo había diseñado.

—Betancourt, entonces, gracias a este aparato, ¿mis mensajes llegarán a mi querida Andalucía en tan solo unas pocas horas? —preguntó el rey.

—¡Y lo mismo tardarán en llegar de vuelta las contestaciones!

—Qué cosas tenéis, Betancourt —dijo su alteza entre carcajadas—. ¿Desde cuándo le interesan a un rey las contestaciones?

**El telégrafo óptico**

El primer mensaje enviado por telégrafo óptico se transmitió en 1794, a lo largo de 230 kilómetros y 22 torres. La comunicación tardó menos de una hora en llegar desde París a la ciudad de Lille. El resultado de esta prueba animó a Francia a instalar una red de torres de casi 5.000 kilómetros.

Por desgracia, la Corona entró entonces en crisis económica y, sin dinero para las obras, hubo que suspender el proyecto.

En España la situación era preocupante.

Al llegar un día a palacio para informar sobre sus trabajos, Agustín se encontró al primer ministro y al hijo del rey, Fernando, discutiendo.

—Vuestros hombres han quemado las cortinas de mi palacio de Aranjuez —le decía Godoy a Fernando— . ¡Son unos bárbaros!

—No fueron mis hombres, pero han hecho bien —respondió el futuro monarca—. Así podrá ver por la ventana y comprobar que la gente en la calle no quiere que Usted gobierne.

Agustín se dio cuenta de que aquella pelea no tenía solución. Pocos días después escribió una carta a su familia canaria, en la que les explicaba que tenía miedo de que empezara en España una revolución como la que él había vivido en Francia, solo que esta vez la iba a ver mucho más de cerca. En la carta también les dijo que había empezado a buscar asilo en un reino extranjero para ponerse a salvo de ese peligro.

**Problemas para la monarquía**

El primer ministro, Manuel Godoy, era un hombre muy ambicioso. Fernando, hijo mayor de Carlos IV y que pronto se convertiría en rey, quería pararle los pies. Por eso estaba en contacto con el emperador de Francia, Napoleón, con planes para quitarle el poder al primer ministro. Sin embargo, Napoleón era mucho más ambicioso que Godoy, y tenía la idea fija de conquistar Europa entera.

**El trabajo de Agustín en Rusia**

Agustín trabajó en su etapa rusa en muchísimos proyectos de obras públicas. Cuando no estaba dragando un puerto en el norte, estaba en el sur construyendo edificios oficiales, y aún le quedaba tiempo para levantar el primer gran puente de arco del país.

En 1807, Betancourt fue recibido por el zar de Rusia, que había oído hablar de su prestigio como ingeniero. El zar quería contar con él para mejorar las infraestructuras (las carreteras, los puertos, los puentes…) de su enorme país.

—Amigo Betancourt —le dijo el zar un día mientras cenaban—. No solo os pienso nombrar mariscal de mi ejército. También os ofrezco un sueldo de veinticinco mil rublos anuales.

—¡Eso son como doscientos mil reales de mi tierra! —exclamó Agustín.

Igual que había hecho en España, enseguida montó en Rusia la más importante escuela de ingenieros, donde transmitió no solo sus conocimientos sino también los de muchos compañeros, tanto españoles como franceses.

—A la hora de construir un puente, ¡que nadie se olvide de darle la altura suficiente para que por debajo pasen los barcos! —bromeaba Agustín cuando iba con sus alumnos a las obras—. Si no, siempre habrá que esperar a que baje el caudal del río para que puedan pasar.

En 1812, Napoleón, el emperador francés, reunió al ejército más numeroso de la historia y tomó el control de toda Europa, casi hasta Rusia. Los rusos se dieron cuenta de que, con semejante adversario, iban a estar en clara desventaja y les iba a costar mucho defender sus ciudades. Ante la inminente llegada de los franceses a Moscú, decidieron evacuar la ciudad y prender fuego a todas las casas.

Agustín estaba allí —el zar lo había nombrado mariscal— y vio llegar al ejército francés. En aquel momento sintió que, por mucho que viajara, era una época muy convulsa, con muchas guerras, y no iba a lograr esquivar del todo los grandes conflictos armados.

—Qué triste, ver cómo se derrumba tan rápido una ciudad tan inmensa —pensó mientras veía arder los tejados de Moscú—. Al menos, es también una oportunidad para empezar de nuevo y construir mejores calles, mejores edificios y mejores servicios para la gente que la habita.

Al llegar, los franceses no encontraron cobijo donde calentarse ni nada que comer y se les empezó a echar encima el duro invierno ruso. Consciente de que iba a perder a muchos de sus hombres por el hambre y el frío, a Napoleón no le quedó otra opción que ordenar la retirada. ¡Los rusos habían resistido al ataque!

**La campaña de Rusia**

Napoleón reunió a casi setecientos mil hombres para conquistar Rusia. No todos ellos eran franceses, también había alemanes, polacos, suizos, españoles... Los rusos eran bastantes menos, pero fueron más previsores ante la llegada del frío invierno.

Durante los muchos años que Betancourt pasó como director del cuerpo ruso de vías de comunicación, realizó infinidad de obras que optimizaban las condiciones de transporte con modernas carreteras y puentes. Además, con sus equipamientos urbanos logró mejorar la higiene en las ciudades, evitando infecciones y enfermedades.

En todos estos trabajos lo animó el mismo espíritu que le habían inculcado de pequeño, el que lo guiaba para contribuir siempre a las iniciativas de progreso: era el espíritu de la Ilustración. Construyendo mejores estructuras para un mundo mejor, ¡así era como ayudaba a la gente a salir de la oscuridad de las cavernas!

Cuando se acercaba el final de su vida, Betancourt pasó a tener problemas con el zar.

En 1824, fue a verlo por última vez y le presentó la dimisión de todos sus cargos. Lo cierto era que ya estaba algo mayor y muy cansado. En su retiro, Agustín iba a aprovechar para recuperar una de las grandes aficiones que había empezado a cultivar cuando todavía vivía en Canarias: la pintura.

Era el momento de la serenidad, de calmar toda aquella actividad frenética que, a lo largo de su vida, partiendo de una isla mal comunicada en medio del Atlántico, le había permitido mejorar la calidad de vida de millones de personas, ¡nada menos que hasta en tres países distintos!

Agustín de Betancourt murió el 14 de julio de 1824. Hoy en día, casi doscientos años después, siguen llevando su nombre un importante canal de la ciudad de San Petersburgo —donde además hay una estatua suya— y calles en Madrid y en el Puerto de la Cruz, Tenerife.

¿Verdad que no hay nada mejor que formarse, aprovechar la educación que uno recibe y esforzarse, como hizo Agustín, para emprender proyectos que puedan mejorar las condiciones de vida de la gente?

"Llego a un país del que tengo inmejorables referencias; vengo a una España en la que nació el más ilustre colaborador que jamás ha tenido Rusia: Agustín de Betancourt."

**Mijail Gorbachov.** Jefe de Estado de la Unión Soviética (1988-1991) y Premio Nobel de la Paz (1990)

# El protagonista

Agustín de Betancourt y Molina nació en Tenerife, en el entonces llamado Puerto de La Orotava (hoy Puerto de la Cruz) el 1 de febrero de 1758, en el seno de una familia noble e ilustrada. Fue el segundo de once hermanos. Se educó en el convento de los Dominicos.

En 1777 Betancourt ingresa en las milicias provinciales, donde acabaría graduándose como teniente de Infantería. Al año siguiente, cumplidos los veinte, viaja a Madrid para continuar sus estudios. En Madrid compagina las clases de geometría, álgebra y trigonometría en el Colegio de San Isidro con los estudios nocturnos en la Real Academia de Bellas Artes de San Fernando. Ya como ingeniero, comienza a recibir encargos de la corona en 1783. Al año siguiente viaja a París para estudiar en la Escuela Nacional de Puentes y Caminos.

# Otros ilustres de la ingeniería en la historia

## 1764

James Hargreaves inventa la hiladora Jenny, uno de los hitos de la industria textil.

## 1768

James Watt construye la primera máquina de vapor, mejorando el invento de Thomas Newcomen.

## 1797

Agustín de Betancourt patenta junto a Périer su modelo de prensa hidráulica para uso industrial.

En 1788 viaja por primera vez a Inglaterra, tras la pista de la revolucionaria máquina de vapor de Watt. Cuatro años más tarde se inaugura el Real Gabinete de Máquinas, del que es nombrado director.

En 1802 Betancourt pone en marcha y dirige la Escuela Oficial del Cuerpo de Ingenieros de Caminos. A finales de 1807, el zar Alejandro I lo invita a San Petersburgo y al poco tiempo lo nombra mariscal del ejército ruso. Bajo la protección del zar, pasa a dirigir el Departamento de Vías de Comunicación de aquel país. Betancourt pasa los últimos 16 años de su vida en Rusia, donde se encarga de importantes obras públicas. Ya apartado de sus cargos, muere en 1824 a los 66 años de edad.

## 1830

George Stephenson diseña la primera línea ferroviaria moderna entre ciudades.

## 1867

Alfred Nobel inventa la dinamita, un avance fundamental para las obras tanto privadas como públicas y el movimiento de masas rocosas.

## 1887

Nikola Tesla desarrolla un motor de inducción que funciona con corriente alterna de electricidad.

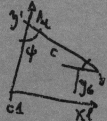